# DUALITY- LOVE AS REALITY

## ENHANCE YOUR LOVE TO FACE THE REALITY

# KUSHAGRA BANSAL & TUSHAR SINGH RAJPUT

*This book is dedicated to unrequited love and to Lord Krishna for endowing his immense blessing that helped me in each step of my progress towards the successful completion of this book.*

# Contents

# Contents

# Foreword

The birth of this book lies in the minds, experiences and hearts of two talented young poets, and the chance meeting on one autumn evening in India. Within these pages a thoughts, feelings and emotions often which are ubiquitous in all our lives, but which are rarely surfaced through the art of such poignant creatively written words.

This collection of such beautifully written poems resasonate straight to the heart, connecting ones's own experiences, both the joyous highs of love and affection, and the depths of emotion stress that so often pairs with love and sacred human relationships. Through his previously published four books, we know what emotional and delicately written words to expect from Kushagra bansal, and thus the emotional journey the reader is taken on. However, here is the chance meeting has brought the romantic lines of Co-Author Tushar Singh Rajput with his skillfully woven words to intertwine with Kushagra's melancholic tones, Jumping out to the reader like an antidote to the soulful wounds of the heart. This book of emotional poetry speaks straight to one's heartfelt senses, and is a pleasure to experience for all those who are in-love or have experienced love.

May this book lead the reader understand the duality of human love, you will not be diappointed.

Neil A. Robinson

*Photographer, Writer and Educator*

# Preface

This poetry book is about unrequited love. This book is a complete mix of melancholic emotions which will help you to understand the life lived by a lover. Duality - Love as reality will enhance and clear your vision about love. The only love that leads us to real destintion is Divine Love. Love always has it's way with us until we open our eyes and our hearts, and listen to what our lessons are telling us. This book is all about those lessons which have been experienced by the author's themselves. This book is a collaboration of two melancholic authors Kushagra Bansal and Tushar Singh Rajput. This is a fifth book of Kushagra Bansal whereas Tushar is publishing for the first time, this being his debut book. This book is a poetic journey which will fulfill some with a lot of romance, and for some it might put one in self realization. This journey of duality will show you the both sides of emotions just like the two sides of a coin. This melancholic poetry book is a complete justice to all lovers.

Read it, Feel it and Enhance your love to face the reality....

# Acknowledgements

I really want to thank Neil for helping me in designing this book cover and for writting the foreword of this book. I also want to thanks to all my readers, who have supported me through this whole poetic journey from the beginning. After publishing five books today. I also want to thanks to that one person who give up on me and that one emotion makes me an melancholic author.

# Duality- Love As Reality

*Enhance your love to face the reality..................*

# 1. Ijazat

*"Milne k liye tumse ijazat bhi maang lenge*

*Nahi miloge tabh apni har saansein intezaar mein kaat lenge"*

*"Kabhi toh aaoge janaab bhule bhatke hamare darwaaze par*

*Uss hi din apna janaaza shaan se chalva denge"*

*"Jis din vo janaza tumhare saamne se guzrega*

*Uss din aap hamein bhul kar bhi bhool nahi paayenge"*

# 2. Zindagi

*"Kya batau ae-meri zindagi tujhe*

*Jo paaya hai tujhe kuch yuu khokar"*

*"Kya jee paunga yuu tujhe badalta hua dekhkar*

*Shayad jo paaya hai tujhe yuu apna keh-kar"*

*"Kya jeena, Kya marna ae-mere zindagi"*

*"Kabhi ek roz uss khuda se milkar puchunga zaroor ki kya yahi*
*thi sachai aye mere bewafa zindagi"*

# 3. Honge

*"Zakhm beshaq tune diya honge*

*Mein jaanta hu akele m tumne bhi khoon k ansu piye honge"*

*"Kaash dilo ki ehmiyat samajh paate tum*

*Na jaane raaton m tumne kitne dil tode honge"*

# 4. Kaash

*"Kaash hum apne hi alfaazo ko samajh paate*

*Kaash hum kisi ki muskuraahat ki wajah ban paate"*

*"Pata nahi kyu hamein aksar apni cheezo ko khona padhta hai*

*Jaise hum tujhko apna samajhte hain"*

*"Kaash tum bhi apna samajh pate "*

*"Kaash iss zindagi ki kahaani samajh pate hum*

*Toh har saans mein tujhe haansil karna chahte hum"*

# 5. Banaya Tha

*"Behadd shiddhat se banaaya tha,*

*Haan vahi ghar jo tune aur mene har ek call par sajaaya tha"*

*"Tere jaane k baad bhi har roz mene hi uss ghar ko har ek zakhm
se bachaaya tha"*

*"Kitni zimmedaariyan de gya tu mujhko jaane k baad*

*Yaad hai iss dil ko dhadakna bhi tune hi sikhaaya tha"*

# 6. Kisi

*"Kisi dil ki baat ka ilm na hota iss mann ko itni asaani se,*
*Phir bhi kyu yeh mann sabh kuch padhna chahta hain"*


*"Kyu kisiko jo hum kehna chahte hain,*
*Vo sirf hamare dil k darmeyan reh jata hai"*


*"Phir bhi kyu yeh mann sabh sach qubool karna chata hai,*
*Kyun kisi apne k badalne se darte hai hum"*


*"Phir bhi ye dil bhulna nhi chahta unki parchayi ko,*
*Phir aesa kyu hai ki hum sirf apno ki khwaishon k liye zinda*
*hain,*
*Kyun ki shayad ye dil apno k ansuon k liye unse dur jaane pe*
*majboor hai"*

# 7. Guzar gya

*"Kese toot kar dekho vo tumhare aage se guzar gya,*

*Shayar kehte hai usko jo duniya chodh kar shaiya par galiyon se guzar gya"*

*"Abaad rahenge uske alfaaz,*

*Ek tarfa mohobbat k lagate rahenge guhaar"*

*"Usool wale bade hote hai shayar-ae khuda k farishte*

*Kambaqkht nahi batate hai kabhi naam uska*

*Beintehaan karte hai jinse yeh pyaar"*

# 8. Kabhi

*"Kyon kabhi kisine chaha nahi samjhna hamein,*

*Sirf iss liye hamne chaha kuch aur tha"*

*"Kyon kabhi kisine thama nahi hamare mann ka haath,*

*Sirf iss liye ki hamare mann ne kisi ko apna mana nahi"*

*"Phir kyon kabhi apno n bhi saath chodh diya iss zindagi k safar m hamara,*

*Sirf iss liye k hamne kabhi apne palo ko unka banaaya hi nahi"*

# 9. Jaate hai

*"Chodh kar chale jaate hai*

*Jo aksar achanak se zindagi m tehreen laate hai"*

*"Kasam khuda ki saale badi bedardi se maar kar jaate hain*

*Baat baat par apne mohobbat k saboot dikhaye jaate hai"*

*"Jis din chodh kar jaate hai*

*Agle din hanste huye kisi aur ki bahon mein paaye jaate hai"*

*"Kuch bhi kaho inko saare rishte bhaut achhe se bhoolne aate hai"*

# 10. Kya

"Bataane ki baat nahi hai, Par ek baar qabool karne dogi kya"


"Bataane ki baat toh nahi hai par mohobaat beintehaan ki h tumse,


Kya jataane dogi kya"


Bataane ki baat toh nahi hai par kuch alfaaz likhe hain tumhari gumshudugi mein,


Bas kya ek baar unhein apne aage izhaar karne dogi kya"


"Bataane ki baat toh nahi hai par tumhe khone ka darr bhaut hai,


Bas kya ek baar vo darr apni nigaahon mein dekhne dogi kya"

# 11. Aaya hoga

*"Kitni fursat se banaya hoga,*


*Lagta aesa hai ki khuda ka farishta khud usko,*
*Iss dharti par chodh ne aaya hoga"*


*"Khush-naseeb hai vo insaan,*
*Jiske naseeb mein tujh jaisa heera aaya hoga"*


*"Maanga toh bhaut hai duaao mein tujhko*
*Umeed yahi hai ki,*


*Khuda n mera pyaar tere liye saccha hi paya hoga"*

# 12. Kya tumne

*"Kya tumne socha hai kabhi,*
*Ki kis tarah sochte hai hum tumhe"*


*"Kya tumne kabhi iss mann ko padha hai,*
*Ki kiss tarah yeh padhta hai tumhe"*


*"Kya tumne kabhi hamari <u>nafeez</u> (soul)ko zinda dekha hai,*
*Ki kis tarah yeh sirf tumhe baar-baar dekh kar <u>shadaab</u>*
*(verdant)hone ko bolta hai hamein"*


*"Kya tumne chaha hai kabhi hamein ki kis tarah yeh dil sirf*
*tumhare liye nafaz (breath) bharta hai"*

# 13. Mehfilon mein shayari

*"Yahan toote dilo ki fariyaad hoti hai,*
*Are yeh vo jagah hai jahaan sirf aashiqon ki sun vaayi hoti hai"*


*"Aao kabhi hamare mehkhaano mein janaab,*
*Kya aalam sunayein janaab,*
*Hamari mehfilon m ashiqon ki beech toh shayari hoti hai"*


*"Thodi dard bhari, thodi jahaan bhar ki*


*sirf shayari hoti hai"*

# 14. Safar

"Kuch safar yu baaki hai abh,
Jaise Iss zindagi-e-nau ka kinaara milna baaki hai abh"


"Kuch lafz yu baaki hai abh,
Jaise iiss dil ko apne maajhi ka bhulna baaki hai abh"


"Bas abh kuch palon ka saath baaki hai,
Jaise iss duniya mein aashna ka milna baaki hai abh"

# 15. Matt kiya karo

*"Ankho se ishaare mt kiya karo*
*Phir seedha dil par vaar hota hai"*


*"Jabh jabh bhi chodh kar jaate ho*
*Dard-ae dil ko bas tera intezaar hota hai"*


*"Mujhe nahi pata yeh kya hua hai*
*Achanak se jo bhi yeh tere mere beech m hua hai"*


*"Keh toh ye bhi sakte hai aaj kisine zindagi jeene ka naya mauka*
*sa diya hai"*


*"Suna tha ajoobe hote rehte hai iss duniya mein aksar,*
*Abh hum bhi keh sakte hain*
*Ki ek chamatkaar hamare saath bhi hua hai"*
*Zara bataiye janaab....*
*"Kya hamein apse pyaar hua hai*
*Kya hamein apse pyaar hua hai"*

# 16. Mulaqat

*"Kuch mulaqat yu bhi hua karte hain*
*Jaise vo mulaqatein keh rahi ho,*
*Ki un aakhri palo ka aitbaar karle koyi"*


*"Kuch mulaqaton ko bhula kar hum yu bhi zinda hain*
*Jaise usne hamein dekha ho ek akhri dafa,*


*Ae-kaash mere khuda mein us-se apne unn mulaqato k palo mein*
*Qabool na kar pata"*


*"jaise usne hamein apne unn mulaqaton k palo mein*
*zinda rakha ho"*

# 17. Badal jaayega

*"Kal se sabh badal jaayega*
*Tere mere sapno ka baadal fatt jaayega"*


*"Har aansu jo ankhon se bikhara sirf tere judaai ko darshayega,*
*Har dinn dheema aur dard bhari thandi raatein laayega"*


*"Sukhe hont aur udaas mann*
*Suji ankhein aur sukdaa badan"*


<u>*Sun toh aee-jaana*</u>


*"Tu kal sach mein mujhse hamesha k liye dur chala jaayega,*
*Kal se sabh kuch badal sa jaayega"*

# 18. Nasha

*"Kuch nasha sa hojaata hai tumhare dur chale jaane se'*
*Kuch nasha sa khatam hojaata hai, tumhare ishq-e-betaab ko*
*yaad karke"*


*"Kyun unhein har pal mein yaad rehte hai hum,*
*Yeh nasha toh ek bahaana hai janaab,*
*Bas unhe yaad karte rehte hain hum"*

# 19. Karlenge

"*Bina mohobbat k guzaara karlenge,*
*Akela tanha thoda sa rokar hi sahi har raat ko hamara karlenge*"


"*Aap hi toh nahi hai hamare saath yahaan to kya ghum rakhein*
*dilo mein,*
*Iss dil ko nikaal kar aadha-aadha karlenge*"


"*Mohobbat ek keval yeh jazbaat nahi hai janaab-*
*Jis din samajh gye miyan,*
*Aap toh apni ruuh ka sauda karlenge*"


"*Zamana bolega hamse jabh nikaah karne ko,*
*Unke zid k khaatir hum khud se hi nikah karlenge*"


"*Bin mohobbat k guzaara karlenge*"

# 20. Aashti

"Tujhse mili aashti hi mere dil ki sacchi yaari,
Kyuki tere har dhadkan sirf mere hi deewani"


"Tujhse mili aashti hi mere wafa ki keemti asasa hai,
Kyunki tere har saanson ki pehchaan sirf mere hi deewani"


"Tuhjse mili huyi aashti hi aakhir kyu mujhe jaga kar rakha karti
hai,
Kyuki shayad yeh sirf tere hi ghumnaam-ashiqui-ki deewaani"

# 21. Jaam par Jaam

"Baat-baat par jo tum yeh sharaab piya karte ho
Na-jaane apne dilo mein kitne ghum tum piya karte ho"


"Kabhi himmat jutaate kehne ki unse
Are jiske naam k jaam tum har roz piya karte ho"


"Are ruuh na saath chodh jaaye apki kabhi
Jitni shiddhat se har roz aap janaab se mohobbat kiya karte ho"


"Itni naraazgi apni ruuh se Na kariye ga janaab"
Jaise hamari ankhon ke saamne aap mohobbat ke kadwe ghoont
piya karte ho"


"Baat- baat par jo aap yeh sharaab piya karte ho"

# 22. Darr aur dard

"Kyun hota hai kisi apne ko khone ka darr,
Shayad aese hi hota hai apne hi haatho apne har rishto ka ant"


"Kyu hota hai kisi apne ko haansil karke usee khone ka dard,
Shayad yahi hota hai kisi apne ko apna banane ka darr"


"Aakhir kyun hota hai kisi apne ko apna pukaar kar usse paraaya
banane ka dard,
Shayad yahi kehlata hai usse khone ka darr"

# 23. Adhoori hai

*"Zindagi mein teri kami bhaut khalti hai,*
*Sabh bhar gaya hai,*
*Sirf teri jagah dil mein khaali adhoori rehti hai"*


*"Har khushi toh aaj mujhe mil chuki hai,*
*Par tere saath hone ki khushi aaj bhi adhoori si lagti hai"*


*"Poore toh hogye hum,*
*Par aashiqui meri aaj bhi adhoori lagti hai"*

# 24. Nazar

*"Yeh nazar chupakar kese kisi ko awaaz lagau mein'*
*Kyunki jo apne thhe vahi aaj har mod par saath chodh rahe hai*
*mera"*


*"Yeh nazar bina kisi ko dekhe kaise usse apna hamnava bole,*
*Kyunki jo hamnava thhe vohi aaj har safar par juda ho rahe hain*
*humse"*


*"Kaash yeh nazar har mausam ko dekh kar bhaut kuch qabool kar*
*paati unn apne baadlo se,*
*Kyunki jo mausam ke baadal kabhi apne thhe vahi,*
*Aaj hamein har baarish ki bundo ki tarah paraaya karte jaa rahe*
*hain"*

# 25. Rishte

*"Yeh rishte kise tum kehte ho,*
*Jabh ehmiyat nahi samjhte ho"*


*"Har pal mein dil ko dukhate ho,*
*Jasbaaton par har waqt muskurate ho"*
*Mushkilo mein haath thaamne ka samay aaya toh,*
*Tum mujhse meelo dur nazar aate ho"*


*"Kahan se shuru kare aur kahan kare khatam,*
*Tum toh shabdon mein bhi khud ko ajnabi sa paate ho,*
*Kehne ko hai hazaaro rishte par ehmiyat nahi hai kisi ki bhi,*
*Eid Diwali taiyhaaro par sabh pass nazar aajate ho"*


*"Mushkilo ka samay ho,*
*Tum ajnabi se bnjaate ho,*
*Rishte nahi hote hai kuch,*
*Yeh sirf bachpana aur nadaani hai*
*Khoob rulate aur satate hai yeh rishte,*
*Har ghar ki yahi kahaani hai"*

# 26. Kehna

"Kuch kehna chahta hun, Kya ek baar kehne dogi kya,
Tumhein har pal bhulna chahta hu, Kya ek akhri baar bhulne
dogi kya"


"Kuch haqk jatana chahta hu,
Kya ek akhri baar Jatane dogi kya"


"Tumhein inn dhadkano se mitaana chahta hu,
Kya ek akhri baar mitaane dogi kya"


"Bas abh kuch akhri lafz kehne baaki hai mere iss zubaan mein,
Kya ek akhri baar unn lafzon ko samjhane dogi kya"


"Tumhein inn akhri raat k palo mein khone se darr raha hai yeh
dil,
Bas kya ek akhri baar mujhe khud se khudi k liye apna kehne dogi
kya"

# 27. Dil lagega nahi

"Bichad gaye toh yeh dil umar bhar kabhi lagega nahi,
Hongi beshaqk mere naam ki kaafi kitaabein,
Guroor sirf isshi baat ka hai,
Ki yeh sar tere siva kisi aur ke aage kabhi jhukega nahi"


"Tu hai toh mein hu
Tere par likhi gyi har shayari ka matalb,
Kisi aur shaqks par jachega nahi"


"Tere liye har alfaaz kurbaan,
Be-shumaar kitaabein aur mere bhejhe gaye anginat farmaan"


"Dil bhale hi dhadkta hai shareer mein,
Aap hi teh karenge kabh niklegi mere iss shareer se jaan"

# 28. Inkaar

*"Saahil ke sukoon se kise inkaar hai,*
*Lekin toofan se ladhne mein maza hi kuch aur hai"*


*"Manzil abhi bhi dur hai maana mene,*
*Lekin koshish se kise inkaar hai"*


*"Kinara bhi mil jaayega saahil ki talaash ko,*
*Lekin mohobbat se kise inkaar hai"*


*"Ishq na bhi mile mudasar,*
*Lekin ishqbaazi se kise inkaar hai"*

# 29. Dooriyan

*"Dooriyan kitni bhi ho,*
*Milne ki umeed hi kaafi hoti hai mohobaat zinda rakhne ko"*


*"Baatein kitni bhi kum kyun na ho,*
*Yaadein hi kaafi hoti hain har din tanha guzaarne ko"*


*"Mohobbat ek ehsaas hi toh hai,*
*Janaab ek dard hi kaafi hai nazook-ae-dil dukhaane ko"*


*"Are aese hi thodi log apki pehchaan puchte hai humse mehfilon*
*mein,*
*Hont bas yahi keh pate hai,*
*Ek shayari hi kaafi hai unki pehchaan bataane ko"*

# 30. Baaki

*"Zindagi k kuch alfaaz baaki hai,*

*Abhi toh kuch baat baaki hai"*

*"Chalo aaj kuch baatein karle,*

*Abhi bhi kuch raaz baaki hai"*

# 31. Toota Hu

*"Naye logon se milu, Tabh bhi tutta hu"*
*"Tujhse milne aau, Na-jaane phir bhi tutta hu"*


*"Akela rahu tabh bhi tutta hu"*
*"Kaash hamein bhi koyi saathi miljaaye, Jo sirf hamari ruuh ko
chahe"*


*"Aaj tak beintehaan mohobbat kari thi tujhse,
Ja aaj se dua karenge ki tujhe mujhse zyada chahne wala
miljaaye"*


*"Naye logon se milu, Tabh bhi tutta hu"*
*"Tujhse milne aau, Na-jaane phir bhi tutta hu"*


*"Akela rahu tabh bhi tutta hu"*

# 32. Dard

*"Kyu hai dard, Kesa hai dard, Akhir kyu hai yeh dard"*

*"Kisi se bichad jaane ka dard, Kisi k pass hokar use bhul jaane ka
dard,
Kisi k alfaaz ko na samajhne ka dard"*

*"Kisi ki yaadon mein ek yaad bnjaane ka dard"*
*"Kisi ki zindagi mein ek ansuna kissa bnjaane ka dard"*

*"Ya phir kisiko apni ruuh se milwaane ka dard"*

*"Kya hai yeh dard, Kaisa hai yeh dard,
Kis liye hota hai yeh dard, Aur kyun hai yeh dard"*

# 33. Hairaan Hai

*"Zindagi hairaan hai,*
*Dil pareshaan hai"*


*"Akele pan ne gala ghot diya hai,*
*Pass kisi k pass bhi baithu,*
*Mere daastan sun kar vo bhi hairaan hain"*


*"Yaad tere bhaut aati hai hai,*
*Suji aankhein phir bhar jaati hain*
*Jabh-jabh aata tera naam hain"*


*"Sawaal nahi hai tujhse koi bhi abh,*
*Shukar hai khuda ka,*
*Iss tanha zindagi se ladne ki bachi mujh mein abhi jaan hai"*


*"Zindagi hairaan hai, Dil pareshaan hain"*

# 34. Sahaara

*Kisi k dard ka ehtiraam kar,*
*Kisi k dard ka saathi bn"*


*"Kisb k dil ka sukoon bn,*
*Kisi k raaston ki manzil bn"*


*"Aur kisi apne ki himmat tootne mt de,*
*Bas kisi apne ki ruuh ka sahaara bn"*

# 35. Sojaate hain vo

*"Humko todh kar kitne chain se sojaate hain vo"*

*"Haqeekat aur sapno mein na-jaane kitno ki baaho mein simat jaate hain vo"*

*"Neend hamari udhti hai,
Izzat hamari jaati hai'*

*Hamara sabh barbaad karne ke baad bhi,
Kisi aur par zulm karte huye nazar aate hain vo"*

*"Sawal yeh hai,
Kese itne dilon ke khoon karne ke baad bhi,
Itne chain se sojaate hain vo"*

# 36. Kyun

*"Kyun koyi khafa hota hai, Kyun koyi kisiko bhul nahi pata"*
*"Kyun koyi kisi ko har lamhe mein yaad karta hai"*


*"Akhir kyun har palon mein use hi yaad karta hai"*
*"Kyun koyi aaj hain, Kyun koyi kal na rahega"*


*"Kyun koyi tumhe apni aakhri saanson mein yaad karega"*
*"Kyun phir koyi tumhare waapis aane ka intezaar karega"*


*"Mera intezaar karna, Sirf mera hi intezaar karna,*
*Bas mujhse hi pyaar karna,*
*Aur sirf mere hi pyaar par aitbaar karna"*

# 37. Musaafir

*"Humko musaafir kehne waale aksar hamare kareeb hi rehte
hain,
Dil mein jagah banane wale, Aksar dilo par raaz karte hain"*


*"Bas kuch lamhe guzaar kar jo ek shayar ko padh le,
Uss shaqs ko baare mein kya kahein janaab,
Usee toh shayar khud apni shayari mein khuda ka farishta kehte
hain"*


*"Kya khoobsurat aankhein hai apki,
Aese nayaab ankhon ko hum raag kehte hain"*


*"Aur aap hain jo hamein musaafir kehte hain"*


*"Aaj ek baat keh ja rahe hain janaab,
Gaur se dekhenge apne dil mein,
Miyaa ham bas ushi mein rehte hain"*

# 38. Jazbaat

"*Dil ko tere chahat par bharosa bhi bhaut hai,*

*Aur tujhse bichad jaane ka darrr bhi nahi jaata*"

"*Dil ko tere har galtiyan bhi maaf hain sanam,*

*Par tujhe dubara mauka dene ko dil bhi nahi maanta*"

# 39. Naaz

*"Bikhra hua yeh dil,*
*Jo abh be-awaaz hai"*


*"Mana yeh meri saari baatein,*
*Tere liye bebuniyad hai"*


*"Hamari mohobbat ke charche hai kum,*
*Zyada hoti fariyaad hai"*


*"Tum na-jaane kahaan kahaan se laate ho rooth jaane ke naye*
*naye bahaane,*
*Janaab yeh toh hum bhi jaante hai,*
*Hote yeh na hamse baart karne ke andaaz hai"*


*"Aapne beshaq na kari ho mohobbatt hamse,*
*Humko apni pyaar par bhaut naaz hai"*

# 40. Kyun hai faasle

*"Kyun hai faasle kuch aese,*
*Jinhe dekh kar hum anjaan abh tak"*


*"Kyun hai fasle kuch aese,*
*Jinhe dekh kar khamosh hum abh tak"*


*"Aakhir kyu hai aese faasle,*
*Jinhe padh kar bhi tum anjaan abh tak"*


*"Kyun hai yeh faasle tere mere darmiyaan, Jinhe hum chahakar*
*bhi mita nahi paate,*
*Aur tum chahakar bhi qabool nahi kar paate"*

# 41. Mohobbat

*"Mohobbat karna asaan nahi hota"*

*"Isse bada koyi imtehaan nahi hota"*

*"Umar kum padh jaati hai,*
*Isko mukammal karne mein,*

*Har kisi ke bass mein yeh kaam nahi hota"*

*"Mohobbat karna asaan nahi hota"*

# 42. Khwahishein

*"Agar sabh kuch haansil hojaaye zindagi mein, Tabh tammana kiski karoge"*

*"Kuch ansuni khwahishein hi toh,*
*Iss zindagi ko jeene ka mazaa deti hain"*

*"Agar sabh kuch haansil hojaaye iss zindagi mein,*
*Toh phir uss khuda ko kyu yaad karoge,*

*Shayad kuch adhoori khwahishon ki kahaaniya hi toh hain,*
*Jo iss zindagi ko dubaara jeene ka mauka deti hai"*

# 43. Mein aur Sadak

"Mein toh vo dard hu, Jise tere khamoshi khati hai"


"Mein toh vo oes hu,
Jo sard ghani raaton mein tere sheeshe par ajaati hai"


"Mein toh vo sirf ek seedi hu,
Jo teri manzil ko jati hai"


"Mein toh sirf ek musaafir hu ae-jaana,
Station par bus toh har ghante mein aati hai"

# 44. Aansu

*"Kyun aajate hain yeh aansu har lamhe mein,*
*Phir kyun yaad dilaajte hai yeh aansu har beete huye lamho ko"*


*"Kyun aajate hai yeh aansu,*
*Har beeti huyi muskaan par"*


*"Phir aakhir kyu yaad dila jaate hain yeh aansu,*
*Har dafan huye bezubaan palo ko"*

# 45. Tum hamesha

*"Tum hamesha haste raho, Yeh chahat hai hamari"*
*"Tum hamesha haste raho, Yeh chahat hai hamari"*


*"Bas har mausam mein chahi hai khushi tumhari,*
*Yun toh ankhein num hai hamari,*
*Yun toh ankhein num hai hamari,*
*Phir bhi iss dil ne chahi bas khushi tumhari"*


*"Tum hamesha haste raho,*
*Yeh chahat hai hamari"*

# 46. Laut-Aa

*"Tu yaad rakh ya phir bhul jaa,*
*Bas abh na tu hamse durr jaa"*


*"Yun toh yaadein bhaut hai tumhari,*
*Bas abh inhein toh na bhulja"*


*"Bin tere yeh raatein adhoori hai hamari,*
*Bas abh tu laut aa,*
*Yahi akhri tamanna hai hamari"*

# 47. Yeh Dil

*"Kyun bhaut kuch bolna chahta hai yeh dil,*

*Kyun har beete huye palon ko dubara se apna kehna chata hai yeh dil"*

*"Kyun har mausam mein tujhe mehsoos karna chata hai yeh dil"*

*"Akhir kyun unn beeti huyi yaadon mein dubara se jeena chata hai yeh dil"*

# 48. Hogaye

"Kya hua agar voh lamha tumhara naa hua,
Shayad voh kisi aur ka hua"

"Kya hua agr voh khushi tumhari na hui,
Shayad voh kisi aur ki huyi"

"Kya hua agar vo apne hokar bhi paraaye hogaye,
Sahayad voh kisi aur ke apne hogaye"

"Kya hua agar mein do pal ka mohtaaz hu,
Shayad voh pal kisi aur ke mohtaaz hogye"

# 49. Apne

*"Kyun haar jaate hai hum,*
*Zindagi ke kuch afsano se"*


*"Kyun haar jaate hain hum,*
*Apno ke hokar bhi"*


*"Kyun hum har beeti huyi yaado ko,*
*Aaj ka maalik banadete hain"*


*"Kyunki shayad hum aaj bhi kisi ke liye,*
*Ruksat hona chate hain"*

# 50. Vo shakhs

*"Vo shakhs, Vo kaam,*
*Beshaq nahi suna hoga tumne yeh naam"*


*"Bhaut toot kar aaya hai vo,*
*Bhaut bikhar kar aaya hai vo,*
*Alfaazo se khelta hai vo,*
*Aur shayarion se laata hai vo,*
*Toote dilo mein toofan"*


*"Aye honge bhaut se shayar iss duniya mein,*
*Mein lekar chalta hu dilo mein,*
*Ek tarfa dilo ke farmaan"*


*"Vo shakhs, Vo kaam,*
*Yeh kitaab, Yeh shayri*
*Yeh toote dil waalo k Naam"*


*"Yeh toote dil waalo ke naam"*

*Thanks for being on a melancholic poetic journey with us.*

## <u>DUALITY - Part 2</u>

**Coming Soon**